BOEKANALYSE

AF142093

De woestijn van de Tartaren

Dino Buzzati

BOEKANALYSE

Geschreven door Dominique Coutant-Defer
Vertaald door Nikki Claes

De woestijn van de Tartaren

Dino Buzzati

DINO BUZZATI

ITALIAANS SCHRIJVER, JOURNALIST EN SCHILDER

- **Geboren in Belluno in 1906.**

- **Overleden in Milaan in 1972.**

- **Opmerkelijke werken:**

  - *De woestijn van de Tartaren* (1940), roman

  - *I sette messaggeri* ("De zeven boodschappers", 1942), verhalenbundel

  - *Il colombre* (1966), verhalenbundel

Dino Buzzati werd in 1906 in Italië geboren en begon aanvankelijk een journalistieke carrière. Hij werkte voor de Italiaanse krant *Corriere della Sera* en was oorlogscorrespondent tijdens de Tweede Wereldoorlog. Daarnaast legde hij zich toe op de literatuur en begon romans te schrijven, waaronder *Bàrnabo delle montagne* en *A Love Affair*. In 1940 publiceerde hij zijn meesterwerk *De woestijn van de Tartaren*, dat onmiddellijk een wereldwijd succes werd. Maar hij schreef ook veel korte verhalen en novellen, zowel in de genres realisme als fantasie. Zijn beroemdste verhalenbundel, *Il colombre*, bestaat uit niet minder dan 50 verhalen. Zijn werk is meestal pessimistisch van aard en richt zich vaak op thema's als waan en dood in een universum waar het alledaagse leven een vreemde en verontrustende wending neemt onder de corrumperende invloed van het bovennatuurlijke.

Vandaag de dag wordt Buzzati beschouwd als een van de grootste Italiaanse schrijvers van zijn generatie. Hij stierf in 1972.

DE WOESTIJN VAN DE TARTAREN

EEN UITZONDERLIJK GROTE ROMAN

- **Genre:** roman
- **Referentie-uitgave:** Buzzati, D. (2007) *The Tartar Steppe*. Trans. Hood, S. C. Edinburgh: Canongate.
- **1^e editie:** 1940
- **Thema's:** hoop, wachten, tijd, invasie, routine, dood

De woestijn van de Tartaren werd voor het eerst gepubliceerd in het Italiaans in 1940, en is door critici geprezen als "een uitzonderlijk grootse roman" die "een dramatisch, gepassioneerd onderzoek biedt naar de zin van het leven en de onvermijdelijkheid van het menselijk lot". De roman vertelt het vreemde verhaal van de jonge luitenant Giovanni Drogo die wordt toegewezen aan het sinistere Fort Bastiani, dat gelegen is aan de grens van het Noordelijke Koninkrijk tegenover een mysterieuze woestijn die wemelt van de mist, en dat het doelwit zou zijn van een aanval van de Tartaren. Gedurende het hele verhaal wordt Drogo verscheurd tussen twee tegengestelde verlangens: deze deprimerende omgeving verlaten en de indringers eindelijk het hoofd bieden. Uiteindelijk brengt hij 30 jaar door in Fort Bastiani, wachtend op iets dat uiteindelijk te laat komt.

SAMENVATTING

Luitenant Giovanni Drogo is gestationeerd in Fort Bastiani, dat de grens met De woestijn van de Tartaren bewaakt, hoewel niemand weet of de Tartaren daar ooit voet aan wal hebben gezet. Hij heeft hoge verwachtingen van het nieuwe leven dat hij begint en waarvan hij verwacht dat het vol glorie zal zijn. Toch voelt hij een "vaag voorgevoel, alsof hij op het punt staat een onomkeerbare reis te beginnen" (blz. 3).

Terwijl hij probeert het fort te vinden op zijn geïsoleerde, rotsachtige uitloper, ontmoet hij kapitein Ortiz, die daar al 18 jaar zit. Het gebouw zelf is somber en afschrikwekkend en hypnotiseert Drogo in gelijke mate. Hij meldt zich bij Matti, de commandant van het fort, maar is zo geïntimideerd door zijn omgeving dat hij onmiddellijk overplaatsing aanvraagt. Hij moet echter vier maanden wachten voordat hij de medische verklaring krijgt waarmee hij kan vertrekken. En toch, zodra Drogo het heeft gekregen, blijft hij zijn beslissing uitstellen tot de volgende dag, en uiteindelijk blijft hij zijn hele leven in het fort wachten op een aanval. Wanneer deze aanval eindelijk plaatsvindt, wordt hij wegens ziekte geëvacueerd.

Op zijn eerste avond sluipt Drogo de wallen op, een verboden gebied, omdat hij naar de woestijn wil kijken, waar volgens sommige soldaten af en toe een rokende vulkaan en witte torens uit de mist in het noorden tevoorschijn komen. De jongeman voelt een soort verbondenheid met het landschap, ook al vindt hij het diep deprimerend.

Twee dagen later draait hij zijn eerste wacht naast de veeleisende sergeant-majoor Tronk, die al 22 jaar in het fort woont en bang is voor een vijandelijke aanval. Dit versterkt Drogo's verlangen om te vertrekken. Tijdens de nachtwacht, waarbij de officieren er een erezaak van maken om wakker te blijven, valt hij in slaap: "diezelfde nacht begon de tijd onherroepelijk aan hem voorbij te gaan" (p. 51).

Een paar dagen later gaat Drogo op bezoek bij Prosdocimo, die al 15 jaar regimentskleermaker is en die beweert dat hij het fort elk moment kan verlaten. Hij raadt de luitenant aan niet het voorbeeld te volgen van de andere officieren die er al jaren zitten en wier leven in beslag wordt genomen door de verwachting van een hypothetische invasie. Drogo is er echter van overtuigd dat hij het fort over vier maanden zal verlaten.

Even later vieren hij en zijn collega's het vertrek van Lagorio na twee jaar dienst. Lagorio probeert tevergeefs zijn vriend Angustina, die in aanmerking komt, over te halen met hem te vertrekken. Angustina weigert omdat hij koste wat kost tegen de Tartaren wil vechten. Hij zal tevergeefs wachten, omdat hij twee jaar later zal sterven.

Nadat hij in de herfst in het fort is aangekomen, merkt Giovanni tot zijn verbazing dat de winter al is aangebroken. In februari gaat hij zijn belangrijke medische verklaring halen, maar terwijl hij vanuit het raam naar de woestijn kijkt, besluit hij uiteindelijk te blijven. Hij heeft een comfortabele routine opgebouwd in het fort en elke dag feliciteert hij zichzelf met zijn beslissing, die volgens hem slechts is uitgesteld.

Twee jaar later "leek het alsof Drogo's bestaan tot stilstand was gekomen" (p. 86). Hij lijkt het verstrijken van de tijd niet te registreren, hoewel hij beseft dat hij geen jongeman meer is. Hij heeft een vreemde droom waarin hij geesten ziet die een jonge Angustina vredig de dood in dragen.

Tijdens een nachtwacht ziet de luitenant een zwarte vorm aan de horizon. Hij is tegelijkertijd bang en blij dat er eindelijk iets gebeurt. Het blijkt een paard te zijn dat niet bij het fort hoort. Een roekeloze soldaat genaamd Lazzari gaat op zoek, maar hij wordt neergeschoten door de schildwacht wanneer hij probeert het fort weer binnen te komen, want hoewel de schildwacht hem herkent, kent Lazzari het wachtwoord niet, en de schildwacht houdt zich strikt aan de regels. Het mysterieuze paard verdwijnt en alle mannen hopen stiekem dat het een teken is van een gebeurtenis die spoedig zal plaatsvinden.

De volgende dag zien de soldaten een leger door de woestijn naar hen toe marcheren. Hoewel dit nieuws veel opschudding veroorzaakt bij alle andere soldaten, gelooft kolonel Filimore niet meer in een Tartaarse invasie omdat hij er al te lang op heeft gewacht. Hij verneemt dan ook al snel dat het slechts gaat om eenheden van het Noordelijke Koninkrijk die op een geweldloze missie zijn gestuurd om een deel van de grens af te bakenen, wat de commandant van het fort jarenlang had nagelaten.

Daarom wordt een eenheid mannen langs de grens ingezet om de troepen van het Noordelijke Koninkrijk voor te zijn, maar na een zware mars door een sneeuwstorm om een berg te beklimmen, worden ze geconfronteerd met de ironie dat de officieren van het Noordelijke Koninkrijk al in positie zijn. De zware tocht heeft zijn tol geëist van de frêle Angustina, die zich vrijwillig voor de expeditie heeft opgegeven, en hij sterft die nacht van uitputting. Zijn kameraden benijden hem omdat hij een soldatendood sterft.

Drogo is al vier jaar in het fort en observeert de onverbiddelijke wisseling van de seizoenen. Ortiz, die zijn beste vriend is geworden, raadt hem aan te vertrekken nu hij nog jong is, omdat het onwaarschijnlijk is dat de Tartaren ooit zullen komen. Door gebrek aan ambitie heeft hij die kans nooit gegrepen toen die hem werd aangeboden. Zoals alle soldaten in het fort op een bepaald moment, krijgt Drogo opnieuw zin om te vertrekken, maar hij gelooft dat hij met zijn 25 jaar alle tijd van de wereld nog heeft.

Hij keert met verlof terug naar huis en probeert tevergeefs te genieten, maar hij voelt geen emotie wanneer hij een oude vriend ontmoet, en ook al mist hij deze wereld, ze lijkt hem nu vreemd. Zijn moeder staat erop dat hij een plaatselijke post aanvraagt, maar zijn dossier heeft weinig prioriteit en Drogo belandt weer op de weg naar het fort, net als vier jaar eerder, bijna blij om terug te keren naar zijn routine, ook al vraagt hij zich af of het echt zijn lot kan zijn om zo'n middelmatig leven te leiden. Het zinloze, vervallen fort, waarvan het garnizoen met de helft is ingekrompen, vervult hem niettemin met "voorgevoelens die niet in woorden zijn uit te drukken" (p. 190).

Veel officieren die hun tijd hebben uitgezeten besluiten te vertrekken en beschouwen de tijd die ze hebben doorgebracht in afwachting van een Tartaarse aanval als louter afleiding van de verveling. In de weken die volgen, twijfelt Drogo tussen het verlangen om zijn opdracht neer te leggen en het verlangen om nog wat langer in het fort te blijven, des te meer wanneer hij meent een weg in de woestijn te zien aangelegd. Maar de commandant verbiedt de soldaten het te onderzoeken, met de vorige teleurstelling nog vers in het geheugen. Alleen Drogo blijft waakzaam.

De aanleg van de weg is 15 jaar later voltooid, en stelt de vijand in staat het fort te benaderen. Drogo is nu kapitein geworden, maar "de tijd is zo snel voorbijgegaan dat zijn hart geen kans heeft gehad om oud te worden" (p. 225). Hij beseft dat er een hele generatie voorbij is gegaan wanneer hij een jonge officier naar het fort begeleidt, net zoals Ortiz hem al die jaren geleden begeleidde. Ortiz trekt zich terug en adviseert Drogo, die zegt ontslag te willen nemen, te wachten op de oorlog die nu serieus lijkt te beginnen.

Maar de jaren gaan voorbij, en de hoop begint te vervagen. Drogo, die nu tweede in bevel is, is 54 jaar oud en lijdt aan leverfalen, maar hij weigert het fort te verlaten. Bedlegerig denkt hij dat hij bijna genezen is als de oude Prosdocimo hem komt informeren over naderende vijandelijke bataljons. Als hij zijn slaapkamer verlaat, verneemt hij dat er versterkingen aankomen en dat het fort in hoogste staat van paraatheid is gebracht, en hij beseft dat de invasie op handen is. Ondanks zijn protesten laat de opperbevelhebber hem evacueren om de strijd te vermijden. Hij verlaat het fort in een soort roes en loopt langs soldaten die zich voorbereiden op de strijd, terwijl hij "afzakt naar de roemloze vlakte" (p. 258), waar hem nog een strijd wacht die hij niet kan hopen te winnen.

Die avond verblijft hij in een herberg als de gedachte aan de dood plotseling bij hem opkomt: die laatste vijand tegemoet treden, alleen, in een gemeenschappelijke slaapkamer, lijkt hem een veel moeilijkere, maar uiteindelijk ambitieuzere taak dan zijn leven wagen in een oorlog, omringd door zijn medesoldaten. Zijn slaapkamerdeur zwaait zachtjes open, en Drogo trekt zijn uniform recht en glimlacht bij de aanwezigheid van de dood die hij om zich heen voelt verzamelen.

KARAKTERSTUDIE

GIOVANNI DROGO

Hij is 25 jaar oud aan het begin van het verhaal, en wordt nooit fysiek beschreven. Giovanni is blij dat hij de saaie militaire academie, waar hij zijn studie heeft voltooid, heeft verlaten en is opgewonden om zijn leven te beginnen. Zijn eerste, langverwachte detachering als luitenant, naar Fort Bastiani, vervult hem met hoop: "nu hij officier was en geld zou hebben, zouden mooie vrouwen misschien naar hem kijken [...]" (p. 2).

Vanaf de eerste bladzijden van het boek wordt hij echter overvallen door een diepe melancholie en wordt hij zowel op onverklaarbare wijze aangetrokken tot Fort Bastiani en het omringende platteland als diep afgestoten. Deze afkeer doet hem herhaaldelijk verlangen terug te keren naar het burgerleven. Niettemin blijft hij 30 jaar lang op deze mysterieuze plek, klimt op in de militaire rangen en raakt gewend aan de routine, die een grote bron van troost voor hem wordt, terwijl hij en al zijn medesoldaten wachten op de gebeurtenis die hun aanwezigheid in het fort zin en betekenis zal geven: de gevreesde Tartaarse invasie, die elk moment kan komen maar nooit plaatsvindt.

KAPITEIN ORTIZ

De eerste soldaat in het fort die Drogo ontmoet, de kapitein, is "een man van tegen de veertig of misschien ouder met een dun, aristocratisch gezicht" (p. 10). Hij en Drogo ontwikkelen in de loop van het verhaal een sterke vriendschap. Al heel vroeg adviseert Ortiz Drogo om het fort te verlaten "nu het nog kan" (p. 158). Hij zegt dat hij aanvankelijk in de verleiding was gekomen om zelf een overplaatsing aan te vragen, maar dat hij er uiteindelijk van af zag wegens gebrek aan ambitie. Aan het eind van de roman trekt hij zich terug, gedesillusioneerd en in het besef dat hij zijn leven min of meer vergooid heeft.

LUITENANT ANGUSTINA

Hij maakt deel uit van Drogo's kring van goede vrienden. Als verfijnde, ziekelijke aristocraat is hij soms het mikpunt van spot van zijn superieuren vanwege zijn soms misplaatste trots op zijn uiterlijk. Wanneer hij de kans krijgt om overgeplaatst te worden, weigert hij het fort te verlaten, omdat hij de Tartaren wil bestrijden. Hij is vrijwilliger voor de expeditie om de grens te markeren, en dit kost hem zijn leven door uitputting en de wonden die hij oploopt aan zijn schoenen, die totaal ongeschikt zijn voor de zware tocht. Drogo heeft ook een voorgevoel van zijn dood in een vreemde droom.

SERGEANT-MAJOOR TRONK

Tronk is "klein en mager met een oud mannengezicht en een kaalgeschoren hoofd" (p. 41) Hij spreekt zelden en gaat niet om met de anderen. Hij is de belichaming van een bekrompen militair die zweert bij de regels en zich daar feilloos aan houdt. Hij wijkt nooit af van zijn strenge gewoonten, om welke reden dan ook, en aarzelt niet om een van de soldaten van het fort neer te schieten, hoewel hij hem herkend heeft, wanneer die soldaat nalaat het wachtwoord te geven om weer binnen te komen.

ANALYSE

EEN ALLEGORISCHE ROMAN

Allegorie is een techniek waarbij een personage, object of specifieke handeling wordt gebruikt om een concept, idee of abstract begrip (goed, kwaad, oorlog, dood, enz.) uit te leggen. Allegorieën worden gebruikt in vele kunstvormen, zoals de schilderkunst; bijvoorbeeld in het beroemde schilderij *Liberty Leading the People* van Eugène Delacroix (1798-1863) stelt de centrale vrouwenfiguur het begrip vrijheid voor. Het gebruik van allegorieën is gebruikelijk in de literatuur en gaat terug tot de Middeleeuwen, met name in het gedicht *Guillaume de Dole*. Andere relevante voorbeelden zijn de 17e-eeuwse pastorale roman *L'Astrée* van Honoré d'Urfé (Franse schrijver, 1567-1625), of meer recent, werken als *Het proces* van Kafka (in Praag geboren schrijver, 1883-1924), *De Toverberg* van Thomas Mann (Duitse schrijver, 1875-1955), en *De tegenovergestelde oever* van Julien Gracq (Franse schrijver, 1910-2007), die ook een soortgelijk onderwerp als *De Tartarensteppe behandelt*. In zekere zin is het hoofddoel van de lezer bij het lezen van een allegorische roman het achterhalen van de onderliggende, symbolische betekenis van de plotlijn, structuur, setting of personages.

De woestijn van de Tartaren zou kunnen worden beschouwd als een allegorische roman, want hoewel het verhaal één betekenis heeft die gemakkelijk volledig kan worden begrepen (een jonge officier wordt geplaatst in een afgelegen fort), komt er ook een tweede, meer diepgaande betekenis aan het licht wanneer het grondig wordt geanalyseerd. Achter dit monotone verhaal, waarin zich geen enkele ontwikkeling of plotwending lijkt voor te doen, gaat een tweede betekenis schuil, die plotseling waarneembaar wordt wanneer Drogo zijn eerste tocht naar de citadel onderneemt. Om de bedoelingen van de auteur te achterhalen en zijn boodschap te begrijpen, moet de lezer een soort substitutieoefening doen en nadenken over wat de allegorische betekenis van elk aspect van het verhaal zou kunnen zijn: wat is bijvoorbeeld de betekenis van het sombere landschap, de doelloze omzwervingen van de officier terwijl hij niemand vindt die hem kan vertellen waar het fort precies ligt, het monotone leven dat hij daar later in het boek leidt, of zelfs zijn besluiteloosheid tussen de strijdende verlangens om te blijven en te vertrekken?

EEN CENTRAAL THEMA: TIJD

In feite wijst elk aspect van *De Tartarensteppe* op het begrip tijd, een fundamentele dimensie van het menselijk bestaan; alles is erop gericht het trage maar onverbiddelijke verstrijken van de tijd te benadrukken, evenals de nutteloosheid van de pogingen van de personages om zin aan hun bestaan te geven door uit te kijken naar de hypothetische komst van de Tartaren, wier laatste invasie de sfeer van een mythe heeft aangenomen, verloren in de schaduwen van de tijd. Toch is dit het favoriete gespreksonderwerp van de soldaten, en de meesten weigeren het fort te verlaten, in afwachting van de strijd die hun aanwezigheid op deze vervallen en vergeten plek, die hier als metafoor voor het menselijk bestaan wordt gebruikt, zin zou geven.

De thema's tijd en dood zijn onlosmakelijk met elkaar verbonden: terwijl de soldaten wachten op de Tartaren, weten ze dat ze de dood in het gezicht zullen moeten kijken als ze vechten. Buzzati lijkt het dan ook tot doel en ultieme hoop van het bestaan te maken. Het lot van de hoofdpersoon illustreert duidelijk hoe de Tartaren en de dood met elkaar verweven zijn (in feite is Tartarus in de Griekse mythologie de diepste kuil van Hades, oftewel de hel): Luitenant Drogo is ernstig ziek geworden tegen de tijd dat zijn doel eindelijk binnen handbereik is (wanneer de indringers waar hij al 30 jaar op wacht aankomen), en hij sterft alleen in de herberg waarnaar hij is geëvacueerd.

Elk aspect van de roman symboliseert de tijd die nooit voorbij lijkt te gaan, maar die niettemin onontkoombaar naar een einde tikt:

- Fort Bastiani. De bewoners merken niets van het verstrijken van de tijd, wat niet wegneemt dat de tijd toch verstrijkt. Het hele gebeuren in het fort wekt de illusie van een onveranderlijk heden: het militaire leven is strikt gereglementeerd en Tronk ziet erop toe dat alle regels nauwgezet worden nageleefd (de wisseling van de wacht, de dienstregelingen, de uniformen van de soldaten en de regelmatige verandering van het wachtwoord om het fort te betreden, ook al komen er nooit vreemden). Buiten hun militaire taken houden de soldaten zich bezig met leuke bezigheden: ze eten heerlijke maaltijden in de eetzaal en spelen 's avonds kaart of lezen. Zo gaat de tijd voorbij zonder dat ze het merken of er aandacht aan besteden, zoals de watertank en de kranen die voortdurend lekken, zonder dat iemand er ooit aan denkt ze te repareren. Het onveranderlijke ritme van de voorbijgaande seizoenen dat vanuit de ramen zichtbaar is, versterkt deze indruk van een eindeloze cyclus.

- De woestijn. Deze wordt beschreven als een uitgestrekte, steenachtige vlakte die zich uitstrekt zover het oog reikt, een onbeweeglijke, onveranderlijke plek die leidt naar de horizon waar de Tartaren, die de dood vertegenwoordigen, elk moment kunnen verschijnen. Het is bedekt met eeuwige mist, die de verveelde soldaten gebruiken als bron van vermaak door er fantastische vormen in te ontdekken. De tijd lijkt er ook stil te staan, in dit geval door het gebrek aan beweging, waardoor Drogo het gevoel krijgt dat zijn leven zich eindeloos voor hem uitstrekt.

- De weg. Hij symboliseert de langzame reis naar een doel en het langzame verloop van de tijd. De wegen die de personages nemen zijn altijd moeilijk en oneffen (bijvoorbeeld het pad dat Drogo neemt om het fort te bereiken, of de steile heuvel die de soldaten nemen naar de top van de berg om de grens te markeren) en vertragen hun vooruitgang, maar stoppen deze nooit helemaal. Evenzo bouwen de Tartaren een weg door de woestijn die ze moeten oversteken om Fort Bastiani te bereiken, en de aanleg duurt 15 lange jaren.

- De personages. Ze worden weinig uitgewerkt en missen de gebruikelijke diepgang van personages in de meeste romans. Buzzati geeft ons niet meer details over hen dan absoluut noodzakelijk. Zo worden korte fysieke beschrijvingen opgenomen en benadrukt de auteur natuurlijk de tekenen van veroudering: wit wordend haar, uitgezakte taille, enz. In hun gesprekken wordt vaak vermeld hoe lang ze in het fort hebben doorgebracht, wat vaak erg lang is, of wordt het conflict besproken tussen hun wens om te vertrekken en hun hoop om de Tartaren eindelijk te zien verschijnen. Alleen degenen die besluiten te vertrekken nu ze de kans hebben, die erin slagen hun apathie te doorbreken en een zinvoller bestaan te zoeken, geven toe dat de mythe van de Tartaren niet meer was dan een middel om de verveling te verdrijven.

- De structuur van het boek. Zelfs de structuur van het boek geeft het gevoel dat de tijd stilstaat, terwijl het naar een einde leidt. De 30 hoofdstukken zijn kort en allemaal even lang. De auteur trekt ook vergelijkingen tussen het leven van de personages en het lezen: "Nog een bladzijde omslaan, de maanden en de jaren gaan voorbij" (p. 236). Bovendien vindt de plotselinge vlaag van actie in Fort Bastiani, wanneer een vijandelijke aanval op handen lijkt te zijn, plaats in het midden van de roman, waardoor de lezer denkt dat er eindelijk een belangrijke gebeurtenis zal plaatsvinden die van invloed zal zijn op de tweede helft van het verhaal, zoals de soldaten ervan overtuigd zijn dat de grote dag eindelijk is aangebroken.

EEN DROOMACHTIGE SFEER

Elke allegorische roman moet zijn lezer aanwijzingen geven die hem in staat stellen de onderliggende betekenis van de roman te ontcijferen. Elementen van symboliek, zoals hierboven opgesomd, kunnen daartoe worden gebruikt, evenals het weglaten van details die de roman in de realiteit zouden kunnen plaatsen, wat dient om het metaforische en universele karakter van de roman te benadrukken. Buzzati maakt gebruik van deze techniek, met name door Fort Bastiani te situeren in een onbekend gebied dat alleen bekend staat als "het Koninkrijk" of "het Noorden", wat doet denken aan elementen van christelijke symboliek die verband houden met de wereld van de duisternis. Bovendien lijkt niemand in de omgeving op de hoogte van het bestaan van het fort wanneer Drogo tijdens zijn eerste reis naar het fort verdwaalt en de weg vraagt. Wanneer het eindelijk in zicht komt, ziet het er volkomen dromerig uit: het staat alleen op een dorre hoogvlakte, "het was [niet] in enig opzicht mooi, noch schilderachtig [...] er was niet één ding dat de kaalheid ervan compenseerde [...] toch [...] keek Drogo ernaar als gehypnotiseerd en een onverklaarbaar gevoel van opwinding drong zijn hart binnen" (p. 19). In feite veroorzaakt het fort een vreemde hallucinatie bij Drogo op de dag dat hij er voor het eerst met verlof vertrekt: hij meent de torens plotseling de lucht in te zien zweven. Evenzo kan hij nooit onder woorden brengen wat het is dat hem drijft om zo onvermoeibaar het omringende landschap te bekijken, dor en desolaat als het is, met zijn merkwaardige silhouetten van uit-gedoofde vulkanen en witte torens die soms als luchtspiege-lingen uit de mist oprijzen. Ook het interieur van het fort lijkt iets uit een droom – de koude, donkere, vochtige trappen heb-ben iets nachtmerrieachtigs.

Ten slotte is de droom die Drogo aan het begin van zijn ver-blijf heeft van groot belang: hij kijkt jaloers toe hoe een emo-tieloze Angustina de dood in wordt gedragen, en dit alles speelt zich af in een prachtig paleis dat het tegenoverge-stelde zou kunnen zijn van het sinistere Fort Bastiani.

VERDERE REFLECTIE

ENKELE VRAGEN OM OVER NA TE DENKEN...

- Op welke manieren kan deze roman worden beschouwd als een allegorie? Over welk abstract idee wil Buzzati de lezer laten nadenken?

- Volg de reis van luitenant Drogo. Hoe evolueert zijn gedrag?

- Denk aan de specifieke kenmerken van de ruimtelijke en temporele setting. In welk opzicht zijn ze geschikt voor de doelstellingen van de auteur?

- De Tartaren komen nooit in het verhaal voor. Op welke wijze spelen zij desondanks een sleutelrol in de roman?

- Vergelijk *De woestijn van de Tartaren* met *De Tegengestelde Kust* van Julien Gracq.

- Hoe versterkt de droomachtige sfeer van de roman zijn allegorische karakter?

- Drogo keert tweemaal terug naar de wereld "beneden". Hoe kunnen zijn reacties tijdens zijn verblijf daar worden geïnterpreteerd?

- Zou je zeggen dat Drogo zijn leven verspild heeft? Was hij volgens jou gelukkig? In welk opzicht is het einde tragisch voor hem?

VERDER LEZEN

REFERENTIE-UITGAVE

Buzzati, D. (2007) *The Tartar Steppe*. Trans. Hood, S. C. Edinburgh: Canongate.

*We horen graag van jou! Laat
een reactie achter op jouw online bibliotheek
en deel je favoriete boeken op social media!*

www.50minutes.com

Master ISBN: 9782808688994
Papier ISBN: 9782808610391
Wettelijk depot: D/2023/12603/1319

Omslag: © Primento

Digitaal ontwerp: Primento, de digitale partner van uitgevers.